Título original:
Los más, los menos y algo mas

Primera edición digital: Marzo de 2023
ISBN: 978-956-414-476-4

ISBN: 978-956-414-476-4

9 789564 144764

Registro DDI Chile: 2023-A-1931

LOS MÁS, LOS MENOS Y ALGO MAS

Autor   : *Manuel Fernández Sáez*
Caricaturista : *Manuel Fernández Sáez*
Portada   : *Manuel Fernández Sáez*

Manuel Fernández Sáez

LA YOHANA HALA LOS POLVOS POR EL CULO
PILO Y SIA
ZORRA
TODAS SON PERRAS MENOS MI MAMÁ
OIE JUAN MAMA TE PREGA
A LA KSANDRA LE GUSTA EL PICO
TETRA CAMPEÓN
HAY XNO SOLO Y NO NOS ALKANZA
PONSALE NOMBRE
TIGURON SIN ALETA
LOS
SOY UN COMELE SU MARE
- TO HERMANO
...Y TX HERMANA !!!

Con alegría, presento esta recopilación de dichos Chilenos, hemos cumplido la misión que por mucho tiempo teníamos en mente, junto a los hermanos **Sánchez Ortiz**. Esa labor fue muy ardua, recolectar dichos no es fácil, después de muchos años de pensar en llevar al papel, cuando se han borrado de la cultura popular, ya sea por olvido o por no saber, o bien por pensar que puede ser ofensivo. Hemos tenido que basarnos, pues, en los recuerdos de los familiares, amigos, escucha al paso, televisión, etc.

Espero valoren esta recopilación y pase a ser cultura de nuestro país…que esta mas triste que marido engañado por estos tiempos.

Especial agradecimiento al caricaturista, **Lisandro San Martin**, quien logro plasmar algunos de estos dichos populares de manera perfecta.

1. Mas **DOBLAO** que diario de Cafiche.

2. Mas **DOBLAO** que vuelto de pan.

3. Mas **COCIO** que botón de oro.

4. Mas **CARO** que cabeza ortopédica.

5. Mas **MOVIO** que mano de mudo.

6. Mas **DOBLAO** que curcuncho cagando debajo de un catre.

7. Mas **DOBLAO** que Paragua de Tony.

8. Mas **CORTO** que muleta de cocodrilo.

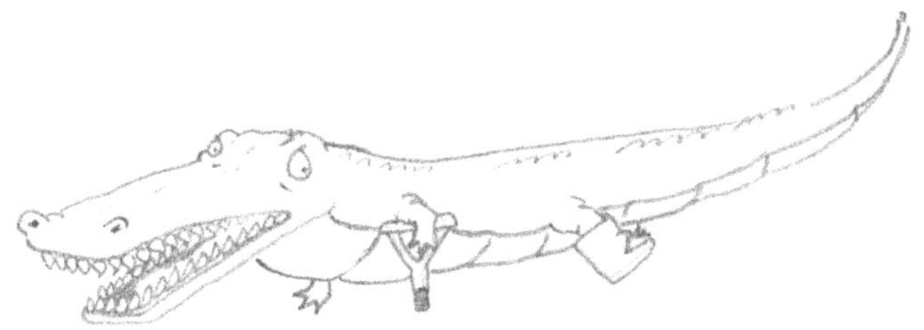

9. Mas **TIRITON** que espejo de micro.

10. Mas **TIRITON** que canasto de guatita.

11. Mas **CORTO** que viraje de laucha.

12. Mas **GRITON** que chancho de matadero.

13. Mas **HEDIONDO** que hocico de perro.

14. Mas **CALIENTE** que plancha de
sastre

15. Mas **FLOJO** que la mandíbula
de arriba.

16. Mas **FLOJO** que hueso de la
frente.

17. Mas **CALIENTE** que piedra de curanto

18. Mas **GUEON** que andar pa'tras.

19. Mas **HUECO** que empana' de pera.

20. Mas **ORDINARIO** que avión con parrilla.

21. Mas **SEBO** que huincha de tocino.

22. Mas **DOBLAO** que un wantan.

23. Mas **MANOSEADO** que manilla de micro.

24. Mas **ORDINARIO** que ataúd
con calcomanías

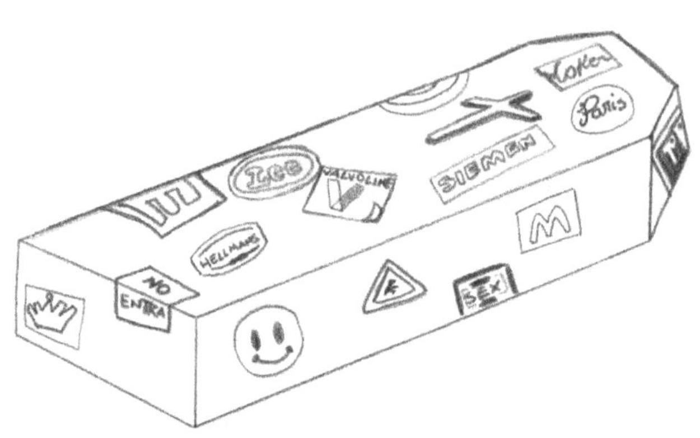

25. Mas **TOCAO** que timbre de
casa´e putas.

26. Mas **FEO** que combo a la maleta.

27. Mas **SEBO** que pata de gaviota.

28. Mas **SECO** que toalla de hippie.

29. Mas **HILACHAS** que dulce de alcayota.

30. Mas **CALIENTE** que guatero del diablo.

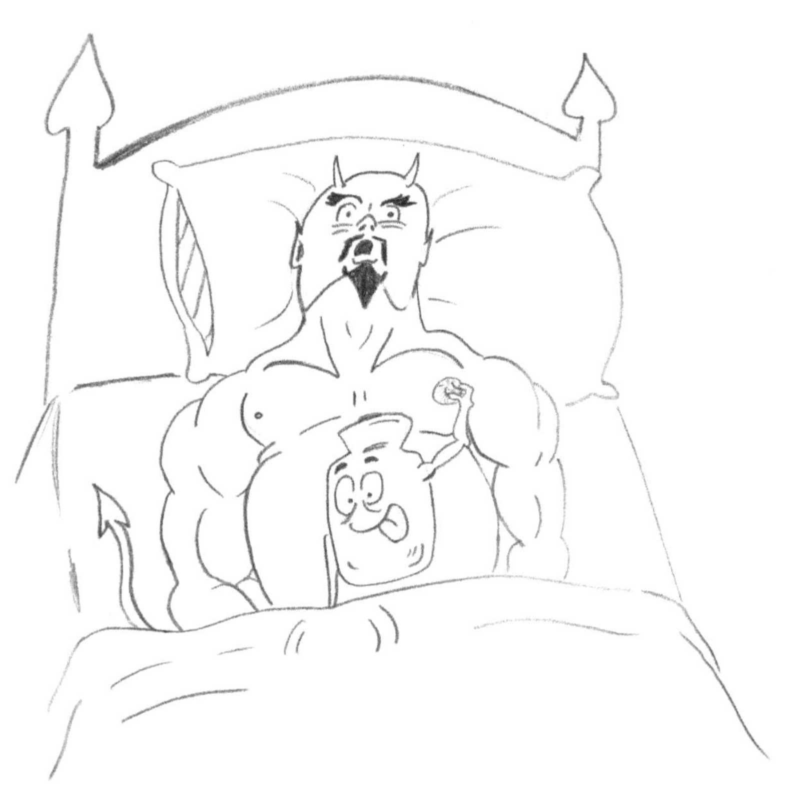

31. Mas **FEO** que la muñeca del diablo.

32. Mas **GRITON** que mariachi quebrao.

33. Mas **HEDIONDO** que un chivo.

34. Mas **PALIDO** que cajero de topless

35. Mas **RARO** que gallina con dientes.

36. Mas **RARO** que pescao con hombros.

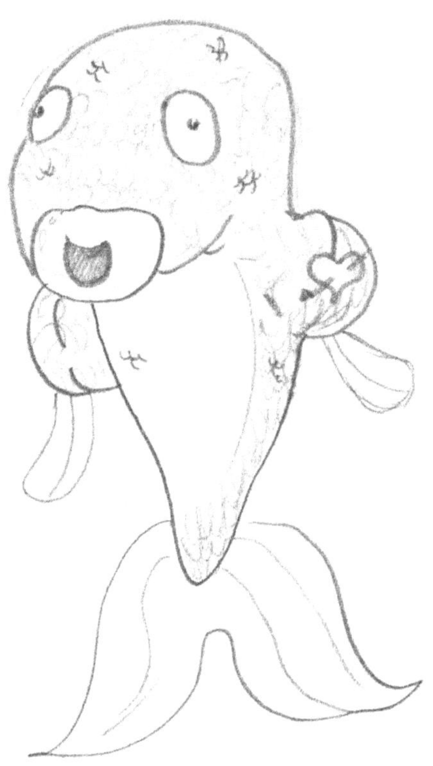

23

37. Mas **HEDIONDO** que sobaco
    de mono.

38. Mas **HEDIONDO** que jaula de león.

39. Mas **BLANCO** que los ojos del sensei de Kung Fu.

40. Mas **SERIO** que perro en bote.

41. Mas **GUASQUIAO** que esclavo de galera

42. Mas **ORDINARIO** que la cumbre guachaca.

43. Mas **RAYAO** que muralla de perrera.

44. Mas **GUASQUIAO** que león de circo.

45. Mas **RAYAO** que charango de gato.

46. Mas **RASJUÑAO** que puerta de perrera.

47. Mas **CALIENTE** que parrilla de gaucho.

48. Mas **CHUPAO** que bombilla de gaucho.

49. Mas **NEGRO** que choquero de construcción

50. Mas **BLANCO** que raja de mormon.

51. Mas **NEGRO** que raspao de queque.

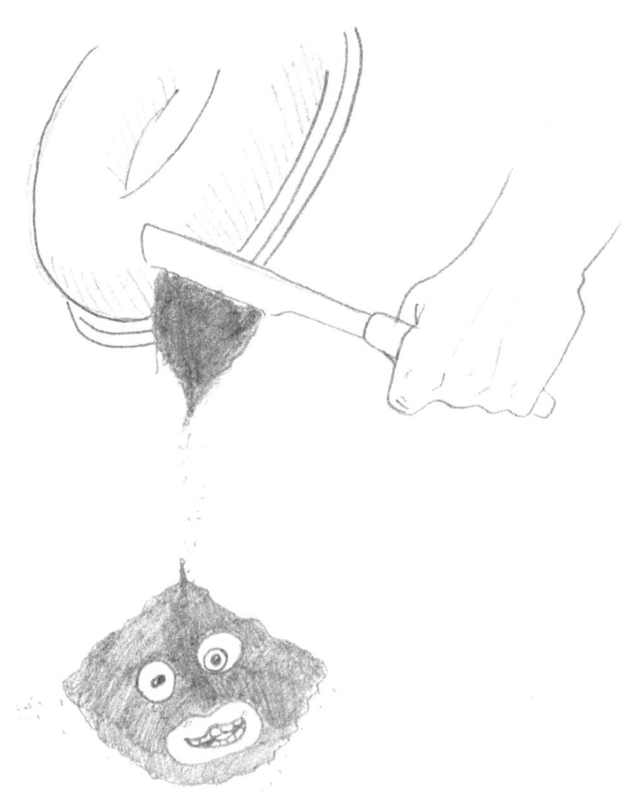

52. Mas **SECO** que canería de pirámide.

53. Mas **VIEJO** que matusalem.

54. Mas **ARREGLAO** que mesa de cumpleaños.

55. Mas **ARREGLAO** que guagua de bautizo.

56. Mas **PELIGROSO** que terrorista el 11 de Septiembre.

57. Mas **PELIGROSO** que extremista en azotea.

58. Mas **HEDIONDO** que la cueva de Bin Laden.

59. Mas **DESORDENAO** que cumpleaño de monos.

60. Mas **PUNTUAL** que weon que anda de lacho.

61. Mas **DIFICIL** que peñiscar un vidrio.

62. Mas **CHUPAO** que bombilla de mate.

63. Mas **SECO** que bototo arriba del techo.

64. Mas **AÑOS** que huella de cerro.

65. Mas **VIEJO** que un circense.

66. Mas **PELIGROSO** que mono con hacha.

67. Mas **FAMOSO** que maraca con 3 tetas.

68. Mas **RAYAO** que cuaderno de tonto.

59. Mas **ARREGLAO** que la yegua del tony.

70. Mas **HINCHAO** que perro muerto en canal.

71. Mas **CAGAO** que el último palo del gallinero.

72. Mas **INFLAO** que pato de silabario.

73. Mas **HELAO** que los cocos de tarzán.

74. Mas **MENTIROSO** que politico en campaña.

75. Mas **SOLO** que un grifo.

76. Mas **CUEVA** que la Luciana Salazar.

77. Mas **BRILLO** que zapato de charol.

78. Mas **TRANQUILO** que una foto.

79. Mas **PELIGROSO** que tiroteo en ascensor.

80. Mas **CONFUNDIO** que curao tomando shampoo.

81. Mas **PELIGROSO** que pulpo con gillette.

82. Mas **PERDIO** que tarjeta Bip en bolsillo de paco.

83. Mas **QUEMAO** que alfombra de topless.

84. Mas **INUTIL** que cenicero de moto.

85. Mas **INUTIL** que bocina de avión.

86. Mas **VIEJO** que un río.

87. Mas **HINCHAO** que guaren envenenao.

88. Mas **SECO** que lagarto de museo.

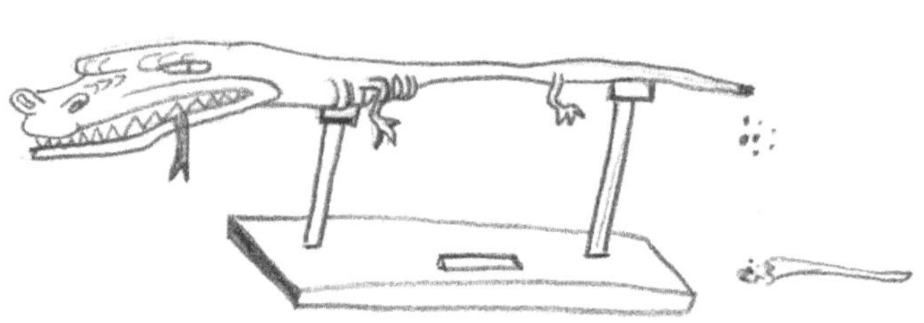

89. Mas **PELIGROSO** que beso de canival.

90. Mas **RARO** que ver a tarzan con medias.

91. Mas **QUEBRAO** que galleta de soda en bolsillo de curao.

92. Mas **QUEBRAO** que desfile de huevos.

93. Mas **QUEMAO** que cenicero de madera.

94. Mas **AMARRAO** que fardo de paja.

95. Mas **LARGO** que un dia en canoa.

96. Mas **ASUSTAO** que monja con atraso.

97. Mas **DIFICIL** que llevar una sandia debajo del brazo.

98. Mas **CONTENTO** que Mac
Gyver en una ferreteria.

99. Mas **HEDIONDO** que cartón
meao.

100. Mas **ENRREDAO** que pelo de
negra.

101. Mas **DIFICIL** que desenredar un
bulto de anzuelos.

102. Mas **DIFICIL** que hacerle un
nudo a un platano.

103. Mas **APRETAO** que nudo de globo.

104. Mas **HELAO** que pata de pingüino.

105. Mas **PULGUIENTO** que un zorro.

106. Mas **PELAO** que choro de muñeca.

107. Mas **PELUO** que brazo de mono.

08. Mas **MOVIO** que cola de perro.

09. Mas **PELIGROSO** que curao manejando.

110. Mas **DIFICIL** que pintarle las uñas a un león.

111. Mas **ESCONDIO** que poto de tortuga.

112. Mas **RARO** que negro con pecas.

113. Mas **RASCAO** que oreja de perro.

114. Mas **FIRME** que perno de buque.

115. Mas **FIRME** que atraque de guatones.

116. Mas **APRETAO** que tuerca de submarino.

117. Mas **ENRROLLAO** que persiana vieja.

118. Se tiene menos **FE** que un cojo.

119. Mas **SALAO** que dedo de ginecologo.

120. Mas **PATUO** que frodo.

121. Mas **APRETAO** que abrazo de curao.

122. Mas **PUNTUO** que zapato de duente.

123. Mas **SOLO** que deo cortao.

124. Mas **SUDAO** que raja de jinete.

125. **FUMA** mas que preso nuevo.

126. Mas **PROBLEMAS** que el libro de Baldor.

127. Mas **DIFICIL** que ver al sumo pontífice en calzoncillos.

128. Mas **CUERNOS** que saco de caracoles.

129. Mas **LARGO** que la cola de la pantera rosa.

130. Mas **VUELTAS** que el demonio de tazmania.

131. Mas **MOVIO** que protagonista de pelicula porno.

132. Mas **CORTO** que cola de conejo.

133. Mas **RELLENO** que pavo de fin de año.

134. Mas **MOJAO** que pichula de curao.

135. Mas mal **MIRADO** que mojon de curao.

136. Mas **PITUTOS** que una gaita.

137. Mas **MOVIO** que terremoto del 2010.

138. Mas **FOME** que choque de tortugas.

139. Mas **APRETAO** que culo de mosquito.

140. Mas **SOLO** que Bin Laden el día del amigo.

141. Mas **FOME** que escuchar misa por radio.

142. Mas **CHUPAO** que pipa de indio.

143. Mas **AGARRAO** que vieja en moto.

144. Mas **APRETAO** que traje de torero.

145. Mas **PLUMAS** que toro sentado.

146. Mas **CALIENTE** que bombilla de lata.

147. Mas **PESAO** que maletín de gásfiter.

148. Mas **PESAO** que maleta de cadenas.

149. Mas **TRANCAO** que puerta de casa´e puta.

150. Mas **DURO** que enano de jardín.

151. Mas **DURO** que gallina de yeso.

152. Mas **DURO** que palta de supermercado.

153. Mas **DURO** que platano verde.

154. Mas **TAPAO** que guagua en invierno

155. Mas **TIESO** que rodilla de pato.

156. Mas **TIESO** que canilla de muerto.

157. Mas **LADRON** que el cabro Carrera.

158. Mas **JUGAO** que el loto acumulado.

159. Mas **APRETAO** que nudo de alpinista.

160. Mas **FEO** que aborto de bruja.

161. Mas **ABURRIO** que mono en bonsai.

162. Mas **METIO** que mano de matrona.

163. Mas **FUERTE** que el aliento de dracula.

164. Mas **ORDINARIO** que diente de madera.

165. Mas **BRAVO** que perro amarrao.

166. Mas **PELIGROSO** que ignorante opinando.

167. Mas **QUEBRAO** que bulto de canela.

168. Mas **CAIDO** que bigote de chino.

169. Mas **BLANCO** que ratón de panadería.

170. Mas **VUELTAS** que un peluquero.

171. Mas **LENTO** que desfile de cojos.

172. Menos **DAÑO** que charchazo de enano.

173. Mas **HEDIONDO** que flato de curao.

174. Mas **INUTIL** que bolsillo de Galvarino.

175. Mas **MALO** que revolver el brasero con la pata de la guagua.

176. Mas **ORDINARIO** que sirena de pantano.

177. Mas **ORDINARIO** que acuario de jureles.

178. Mas **INUTIL** que el angel de la guarda de los Kennedy.

179. Mas **FOME** que acuario de machas.

180. Menos **FUTURO** que quinceañera embarazada.

181. Menos **CULO** que un perro (tiene el poro hoyo).

182. Mas **ORDINARIO** que peluca de pendejos.

183. Mas **BRAVO** que cocodrilo cuidando huevos.

184. Mas **AFILAO** que cuchillo de carnicero.

185. Mas **TRISTE** que Adán el día de la madre.

186. Mas **ENRREAO** que moño de vieja.

187. Mas **OREJAS** que un trofeo.

188. Mas **RARO** que gallina con orejas.

189. Mas **ARRUGAO** que sobaco de tortuga.

190. Mas **PATAS** que mesa de billar.

191. Mas **CONTENTO** que cubano en balsa.

192. Mas **USAO** que el choro de la geisha.

193. Mas **TIRAO** que colilla de cigarrillo.

194. Mas **CALIENTE** que minero el dia de pago del bono.

195. Mas **CAGAO** que un rodeo.

196. Mas **HELAO** que cadena de columpio.

197. Mas **ARREGLAO** que combinao´e maraca.

198. Mas **ACOMODAO** que cajón de tomates.

199. Mas **VUELTAS** que un ahorcado.

200. Mas **VUELTAS** que mojon en el agua.

201. Mas **LIVIANO** que araña seca.

202. Mas **TIRITONA** que jalea de casino.

203. Mas **GUATA** que cordel con ropa.

204. Mas **GUATA** que caballo parao.

205. Mas **GUATA** que volantín chupete.

206. Mas **RARO** que cocodrilo parao.

207. Mas **RARO** que judio pobre.

208. Mas **VIEJO** que sentarse en el poto.

209. Mas **CAGAO** que canaleta de iglesia.

210. Mas **FUERTE** que aliento de hiena.

211. Menos **CULO** que mosquito a dieta.

212. Mas **INUTIL** que pichula de naúfrago.

213. Mas **CANSAO** que puta bonita.

214. Menos **CULO** que un chuzo.

215. Mas **ENVUELTO** que cabeza de arabe.

216. Mas **ENRREDAO** que pelea de culebras.

217. Mas **CHICO** que privado de topless.

218. Mas **DESORDENAO** que cumpleaños de mono.

219. Mas **BUCHE** que un pelicano.

220. Mas **HEDIONDO** que bostezo de buitre.

221. Mas **ORDINARIO** que junior de gitano.

222. Mas **SERIO** que puñala´ en el pulmon.

223. Mas **PINTA** que moco en la frente.

224. Mas **CAGAO** que pezuña de vaca.

225. Mas **PINTA** que mojon con sangre.

226. Mas **NEGRO** que uña de mecanico.

227. Mas **COCHINO** que pata de guaren.

228. Mas **CAMUFLAO** que cacha de presos.

229. Mas **PERDIO** que el unicornio azul.

230. Menos **SANGRE** que un palote.

231. Mas **SECO** que escupo de volao.

232. Mas **TIRITON** que Mohamed Ali.

233. Mas **APRETAO** que mano de trapecista.

234. Mas **ARREGLAO** que departemento piloto.

235. Mas **CHICO** que camarin de topless.

236. Mas **FALSO** que historia de toplera.

237. Mas **MALO** que padrastro curao.

238. Mas **GUEON** que disfrazarse de Bil Laden en aeropuerto.

239. Mas **GUEON** que robarse una arteza con agua.

240. Menos **SOLICITADO** que boleta de motel.

241. Mas **CAGAO** que sitio abandonado.

242. Mas **CONTENTO** que perro con 2 colas.

243. Mas **HELAO** que candado de potrero.

244. Mas **DOBLAO** que candado de alambre en portón de potrero.

245. Mas **HELAO** que los cachetes de tarzan.

246. Menos **ESPALDA** que un zancudo.

247. Mas **COCHINO** que pata de cavernicola.

248. Mas **FUERTE** que el amor de madre.

249. Mas **AISLADO** que asesino en serie.

250. Mas **SOLO** que guardia de faro.

251. Mas **COCHINO** que hijo de gitano.

252. Mas **TOCAO** que guitarra de canuto.

253. Mas **INOPORTUNO** que calambre en cacha.

254. Mas **CAGAO** que trampa de mosca.

255. Menos **FUERZA** que palanca de plumavit.

256. Mas **VUELTAS** que un gimnasta.

257. Durai **MENOS** que curao en bicicleta.

258. Mas **CORTO** que los brazos de Barney.

259. Mas **ARREGLADO** que departamento de gay.

260. Mas **CHUPAO** que teta de maraca.

261. Mas **CHUPAO** que pata de langosta.

262. Mas **LARGA** que vuelta de culebra.

263. Mas **CORTO** que zapateo de cocodrilo.

264. Mas **HEDIONDO** que pelusa de ombligo.

265. Mas **ESCONDIO** que mapa de pirata.

266. Menos **CARNE** que mano de conejo.

267. Menos **CARNE** que un colibrí.

268. Mas **ABRAZAO** que un koala en rama.

269. Mas **SEDIENTO** que recien operado.

270. Mas **ORDINARIO** que axila con caspa.

271. Mas **CIEGO** que una almeja.

272. Mas **RARO** que vaca canibal.

273. Mas **ESCANSALOSO** que charchazo de payaso.

274. Mas **ORDINARIO** que escultura de caca.

275. Mas **ORDINARIO** que travesti
de la vega.

276. Mas **ENRREDAO** que cachipun de pulpo.

277. Mas **HUMILDE** que un cuarto de turin.

278. Webea mas que **ARENA** en la raja.

279. Mas **PELIGROSO** que tener una piraña en la tina.

280. Mas **CONVERSADOR** que naufrago rescatado.

281. Mas **INUTIL** que tetilla de hombre.

282. Mas **PELIGROSO** que alacrán con alas.

283. Mas **PEGAJOSO** que un moco.

284. Mas **LENTA** que procesión de cojos.

285. Mas **PELIGROSO** que hacer gargaras con tachuelas.

286. Mas **CONTENTO** que tiburon en naufragio.

287. Mas **BRAVA** que leona pariendo.

288. Mas **ORDINARIO** que penthouse con gallinero.

289. Mas **ESFORZADO** que trompetista manco.

290. Mas **DOBLAO** que camisa nueva.

291. Mas **RAYAO** que pantalón de huaso.

292. Mas **HEDIONDO** que calcetín de mormon.

293. Mas **HEDIONDO** que lobo de mar.

294. Mas **ORDINARIO** que garzón de olla común.

295. Mas **INFLAO** que cachete de trompetista.

296. Mas **PELAO** que sobaco de bailarina.

297. Mas **FLACO** que sombra de alambre.

298. Mas **VUELTAS** que jugador brasileño.

299. Mas **HEDIONDO** que el poto.

300. Mas **ARRASTRAO** que un caiman.

301. Mas **FLACO** que perro de vulcanización.

302. Mas **GUATON** que paco de provincia.

303. Mas **CLAVAO** que un fakir.

Agradecimientos especiales a mi padre, que colaboró con muchos dichos, los hermanos Sánchez Ortiz, mis amigos, la gente...que sin querer lo decía, sin saber que se estaban recopilando, en fin., gracias a todos.

ISBN: 978-956-414-476-4